AF233101

MÉMOIRE

PRÉSENTÉ

A M. LE SOUS-SECRÉTAIRE D'ÉTAT DES COLONIES

A L'OCCASION

DU CYCLONE DE LA MARTINIQUE

PARIS

IMPRIMERIE ET LIBRAIRIE CENTRALES DES CHEMINS DE FER

IMPRIMERIE CHAIX

SOCIÉTÉ ANONYME AU CAPITAL DE CINQ MILLIONS

Rue Bergère, 20

1891

MÉMOIRE

PRÉSENTÉ

A M. LE SOUS-SECRÉTAIRE D'ÉTAT DES COLONIES

A L'OCCASION

DU CYCLONE DE LA MARTINIQUE

PARIS

IMPRIMERIE ET LIBRAIRIE CENTRALES DES CHEMINS DE FER

IMPRIMERIE CHAIX

SOCIÉTÉ ANONYME AU CAPITAL DE CINQ MILLIONS

Rue Bergère, 20

1891

MÉMOIRE

SUR LE

CYCLONE DE LA MARTINIQUE

L'ouragan du 18 août a été le plus violent, certainement le plus funeste qui se soit jamais déchaîné dans la mer des Antilles ; limitant son action à la seule île de la Martinique, il semble avoir concentré et épuisé sur notre malheureuse colonie toute la rage de destruction que la nature tient en réserve.

Sur tous les points de l'île le cyclone a exercé des ravages immenses, brisant les maisons, arrachant les arbres, détruisant les plantations, semant la mort et la dévastation.

On ne peut se faire une idée de cette épouvantable tempête sans précédent, car on a constaté des dépressions barométriques extraordinaires. A Saint-Pierre, le baromètre est descendu à 720 millimètres ; à Fort-de-France, centre du cyclone à 710 ; l'aiguille était affolée.

Le météore, formé dans notre atmosphère même, a parcouru l'île de l'Est à l'Ouest. Dès six heures de l'après-midi, les communes de la Trinité et du Robert étaient ravagées et, successivement, il détruisait les communes du Gros-Morne, de Saint-Joseph, du François, du Vauclin, du Saint-Esprit, de la Rivière-Pilote, de Ducos, du Lamentin, de la Rivière-Salée, de Fort-de-France, de Schœlcher ;

arrêté par le massif de la montagne Pelée, le vent s'engouffrait et tourbillonnait dans les vallées des rivières du Carbet et de Saint-Pierre, balayant les bourgs du Morne-Rouge, du Fond-Saint-Denis, du Morne-Vert, ravageant la commune du Carbet, couchant sur le sable les mille cocotiers de la grande anse si pittoresque, dévastant la ville de Saint-Pierre, les hameaux du Fond-Coré et de Sainte-Philomène, le bourg du Prêcheur et ses magnifiques plantations de cacao.

Toutes les riches cultures cacaoyères, caféières, vivrières de la montagne du Vauclin, fruits de tant d'efforts de plusieurs générations de petits colons ont été anéanties dans cette nuit néfaste. Abrités par la montagne Pelée et ses hauts contreforts, à l'exception de la Grand'Rivière dont toutes les plantations de cacao ont été dévastées, les bourgs du Marigot, du Lorrain, de la Basse-Pointe et du Macouba, situés dans le Nord de l'île, ont eu relativement peu à souffrir.

Pendant trois heures, interrompues par un intervalle de vingt minutes de calme, la population entière a été tenue en péril de mort, dans la consternation et l'épouvante.

L'eau pénétrait partout, inondant tout ; il fallait lutter sans cesse contre son envahissement. Une trépidation continue agitait le sol, la terre tremblait par intervalles, l'atmosphère entière était embrasée des lueurs sinistres des éclairs, transformant l'horrible nuit en un jour plus horrible encore.

La mer soulevée engloutissait tout ce qu'elle portait. A Saint-Pierre, quinze grands voiliers, sept caboteurs, trois bateaux à vapeur, des chalands et des chaloupes en grand nombre étaient émiettés sur la plage ou engloutis dans les flots ; au Robert, gonflée, elle inondait les terres, ravageant tout sur son passage, roulant des bateaux à près de trois cents mètres du rivage.

Près de cinq cents personnes ont trouvé la mort dans cette épouvantable catastrophe ! Plus de deux mille blessées ! un grand nombre ont dû être opérées, dans la plupart des cas, plusieurs jours après l'accident, la mortalité est considérable parmi elles. L'épouvante a été telle que la plupart des femmes enceintes accouchent d'enfants mort-nés.

Pour donner une idée de ce désastre, nous ne pouvons faire mieux que de rapporter les paroles mêmes de M. le Directeur de l'Intérieur, dans son discours d'ouverture de la session extraordinaire du Conseil général.

Le cyclone du 18 août modifie profondément la situation économique de la Martinique. Prospère, il y a quelques jours encore, elle est aujourd'hui plus abattue, plus ruinée qu'à aucune époque de son histoire.

La puissance de la végétation tropicale permettra peut-être au mal de s'atténuer légèrement dans la plus importante de nos cultures *(la canne)*; il n'en est malheureusement pas de même dans les plantations d'arbres à fruit. Les arbres à pain, les manguiers, figuiers, cocotiers, caféiers et arbres à cacao ont cessé de vivre. Là, le mal est sans remède! Au temps seul il appartient de réparer ce que l'ouragan a brisé!

Les cultures vivrières, les habitations de tous les travailleurs des champs sont anéanties; les usines, les bourgs et les villes ont subi des désastres incalculables. Le commerce a fait des pertes énormes et la propriété est profondément atteinte; il semble même que la petite propriété ait, toute proportion gardée, plus souffert encore que la grande, si c'est possible.

La source des revenus publics est momentanément tarie à la Martinique et l'avenir de nos budgets, si florissants jusqu'à ce jour, apparaît sous les couleurs les plus sombres.

Il est indispensable de dégrever la propriété, car nul ne saurait aujourd'hui lui faire rendre des impôts.

Ce tableau n'est pas chargé.

Tout a disparu en même temps, les arbres fruitiers, les cultures vivrières dont vit et se nourrit toute la population agricole et ouvrière. La farine de manioc qui représente le pain du pauvre, du malheureux, et qui se débitait habituellement au prix moyen de 40 centimes le double litre, vaut actuellement 1 fr. 20 c., et on est obligé de la faire venir des colonies voisines.

Les plantations de cacao et de café sont complètement anéanties, et il faut cinq à six ans d'un soin incessant, les meilleures terres et les mieux exposées pour bénéficier de ces cultures.

Sans crédit, sans encouragement, comment rétablir ces plantations, alors que nos malheureux petits colons, les seuls qui s'adonnent à ces cultures dites secondaires, n'ont plus un toit pour abriter leur famille.

Pour ce qui est de la grande culture, le désastre n'est pas moins grand. Pour la plupart des propriétaires, la ruine est si complète, que, sans le secours de l'État, ils ne peuvent songer à relever leurs propriétés; et, parmi ceux qui semblaient être moins atteints, nous en avons vu qui se sont demandé s'il ne valait pas mieux tout abandonner que d'employer en pure perte leurs dernières ressources.

Les plantations de cannes ont été en effet couchées ou arrachées par l'ouragan; les bâtiments sont en grande partie détruits.

La récolte de 1890 avait été déjà désastreuse, la saison avait été mauvaise. Pour comble de malheur, le règlement du déchet de fabrication s'était fait à notre détriment, d'où pour la colonie une perte de trois millions.

Loin de se décourager, les planteurs avaient redoublé d'efforts et fait les plus grands sacrifices pour préparer la récolte de 1891.

Ils ont tout perdu; ce qu'on espérait encore sauver après le cyclone vient par surcroît de malheur d'être détruit par la sécheresse.

Les pertes immobilières sont aussi considérables.

Des bourgs entiers ont été détruits, les écoles, les mairies, les églises, les presbytères, se sont écroulés ; la population rurale est sans abri.

La Commission spéciale nommée par le Conseil général dans sa session de septembre 1891, évaluait à quatre-vingt-huit millions de francs le chiffre total des pertes occasionnées par l'ouragan.

40 0/0 sur une récolte de 40,000 tonnes de sucre et de 10 millions de litres d'alcool représentant 21,000,000 de francs, soit. . . . . Fr. 8.400.000 »

Sur la récolte de 1893 qui est tout naturellement affectée par la destruction des cannes . . . 5.000.000 »

A reporter . . . Fr. 13.400.000 »

Report. . . . . . Fr.   13.400.000 »

Les habitations vivrières occupées par 70,000 personnes, si ce n'est plus, à 200 francs par tête. .   15.000.000 »

Les bâtiments de 540 établissements sucriers à 25,000 francs par établissement. . . . . 13.500.000 »

Les bâtiments et l'outillage de 25 usines à 100,000 francs par usine en moyenne. . . . . . . 2.500.000 »

Dans l'industrie céramique. . . . . 400.000 »

Dans la fortune industrielle, commerciale, foncière et domaniale. . . . . 44.000.000 »

SOIT ENVIRON. . . Fr.   88.080.000 »

De son côté, l'Administration coloniale a évalué ces pertes. M. le sous-secrétaire d'État aux colonies a eu la bienveillance de nous communiquer les documents qu'il a reçus du Gouverneur de la Martinique.

Les pertes se répartissent ainsi :

Bâtiments.

La colonie . . . . Fr.   854.507 »
Les communes . . . . 2.797.110 »
Les usines . . . . 4.644.650 »
Habitations rurales . . . . . 19.443.086 »
    Id.   urbaines. . . . 15.534.475 »

43.273.828 »

Les pertes mobilières

S'élèvent à . . . . Fr.   6.245.514 »
Celles en marchandises . . . 2.080.397 »
Les pertes en cannes à sucre. 10.315.833 »
Celles des cultures vivrières, arbres à fruit . . . . 10.100.858 »

28.751.602 »

TOTAL. . . . Fr.   72.025.430 »

L'écart entre ces deux chiffres, quatre-vingt-huit millions et soixante douze millions de francs, s'explique aisément.

L'Administration n'a tenu compte que des pertes subies dans la récolte actuelle ; le Conseil général a fait état non seulement de ces pertes, mais encore de celles qui affecteront nécessairement et par contre-coup les récoltes suivantes, par suite de la destruction des rejetons de cannes.

D'un autre côté, si les pertes immobilières ont été différemment évaluées, c'est parce que, en l'absence de tout cadastre, il est très difficile d'apprécier uniquement, d'après un impôt arbitrairement établi, la valeur réelle des immeubles, surtout quand il s'agit des bâtiments situés sur les propriétés dont l'impôt foncier est remplacé par un droit à la sortie sur les denrées d'exportation.

Quoi qu'il en soit, pour emprunter les paroles du gouverneur de la Martinique, que l'on prenne pour base les rapports de la Commission du Conseil général ou celui de l'Administration, « Il n'en est pas moins vrai que les pertes sont immenses. Elles sont écrasantes pour un pays de l'importance de la Martinique, et notre colonie ne saurait, quelle que soit sa vitalité, se relever sans le secours puissant et effectif qu'elle attend de la métropole. »

Pour un département français frappé aussi cruellement que la Martinique, le relèvement serait impossible sans ce secours puissant et effectif dont parle le gouverneur. Mais, pour une colonie, l'aide de l'État est encore plus indispensable, non pas seulement pour la relever, mais même pour la faire vivre.

Dans un département, en effet, tous les services essentiels sont payés par le budget de l'Etat et resteraient assurés malgré la détresse des habitants. Mais la Martinique n'a pas la même organisation. Elle doit se suffire à elle-même. C'est sur son budget qu'elle doit tout payer, même les dépenses qui lui sont imposées par la loi, à titre obligatoire ; et si ce budget ne peut pas être alimenté par suite de la disparition de la matière imposable, la vie administrative est forcément arrêtée. C'est précisément à cause de cette différence essentielle que le sénatus-consulte de 1866, en même temps qu'il donnait aux trois anciennes colonies leur décentralisation financière, prévoyait, dans son article 6, le principe de la subvention qui pourrait leur être accordée par l'Etat (1).

Il s'agit donc de voir tout d'abord quelle est notre situation budgétaire. Sur ce point, il ne saurait y avoir aucune divergence d'opinion. Nous ne pourrons plus suffire à nos dépenses, et, quelque économie qu'on puisse réaliser, on ne pourra jamais équilibrer le budget de l'exercice en cours, encore moins assurer les services pour les années suivantes.

Pour ne parler que du budget de 1891, le déficit que nous prévoyons ne sera pas moindre de huit cent soixante-dix mille francs, se décomposant ainsi :

1° *Contributions directes.*

Prévision. . . . . Fr.	680.325 63	
Recouvrement au 31 août 1891. . .	266.281 69	
RESTE à percevoir . . . Fr.	414.043 94	

qui ne seront pas et ne peuvent être recouvrés, ci . . 414.043 94

2° *Enregistrement.*

Prévision. . . . . Fr.	735.613 »	
Recouvrement au 31 août 1891 . . .	494.280 60	
RESTE à percevoir . . . Fr.	241.322 40	

Cette somme sera en grande partie perçue ; aussi nous ne prévoyons à cet article qu'un déficit de. . . 85.000 »

3° *Liquidation des douanes.*

Prévision. . . . . Fr.	1.641.555 30	
Recouvrement au 31 août 1891. . .	1.387.816 58	

Le déficit n'affectera que les droits à la sortie du sucre et des tafias, la production de 1891 ayant été désastreuse ; les autres recettes se maintiendront probablement par suite des besoins nés du cyclone.

A reporter . . . . . . Fr. 449.943 94

---

(1) ART. 6. — Des subventions peuvent être accordées aux colonies sur le budget de l'État.

			Report . . . . . . Fr.	449.943 94

Droits de sortie { Sucre . . . . Fr. 75.000 »

Droits de sortie { Tafia . . . . . . 45.000 »

Total . . . . . Fr. . . . . 120.000 »

4° *Produits de la régie des alcools.*

Prévision . . . . Fr. 1.659.650 »

Recouvrement au 31 août 1891 . . . 765.881 54

Reste . . . . Fr. 893.768 46

Nous pensons qu'en fin d'exercice le déficit sera d'environ . . . . Fr. 250.000 »

Total général du déficit du budget de 1891 Fr. 869.043 94

Les budgets de 1892 et des années suivantes seront encore plus difficiles à équilibrer.

Il est clair en effet que l'appauvrissement du pays ne fera qu'augmenter, que l'impôt rentrera plus péniblement et que certaines recettes qui figurent encore pour un chiffre normal au budget de 1891 diminueront ou disparaîtront complètement.

EXERCICES 1892 ET SUIVANTS

	Prévisions antérieures	Déficit prévu	
1° Contributions directes :			
— foncières . . .	250.413 53	250.413 53	
— mobilières . .	27.762 80	27.762 80	
Centimes communaux	116.490 35	116.490 35	
			394.666 68
2° Enregistrement :			
Prévision	735.613 »		235.613 »
3° Droits sur les sucres	375.000 »		375.000 »
— les tafias	340.000 »		170.375 »
Déficit total . . . . Fr.			1.175.654 68

Ainsi donc, rien que pour équilibrer le budget de 1891, la Martinique doit trouver huit cent soixante-dix mille francs et un million cent soixante-quinze mille francs pour les budgets suivants, pendant un certain nombre d'années.

Mais nous n'avons parlé que du budget de la colonie. Il y a à s'occuper maintenant de ceux des communes.

Le total de ces budgets est de deux millions quatre cent trente-huit mille trois cent trente-huit francs quarante centimes, alimenté presque exclusivement pour la plupart des communes par l'octroi de mer dont les recettes atteignent un million cinq cent mille francs.

Cet impôt établi uniquement sur la consommation sera précisément le plus atteint par la détresse des habitants. En évaluant à un tiers seulement le déficit qui se produira de ce chef, on se demande comment ces communes peuvent reconstruire leurs écoles, leurs églises, leurs presbytères, subvenir aux charges de la vie communale, payer leurs dettes exigibles et acquitter les dépenses de l'instruction primaire qui leur incombent et qu'une loi récente a rendues obligatoires.

Pour faire face seulement à ces dernières obligations, les communes auraient besoin de sept cent cinquante mille francs : deux cent cinquante mille francs, montant de leurs dettes exigibles et cinq cent mille francs représentant les dépenses de l'instruction primaire.

En résumé, la Martinique ne peut plus subvenir à ses dépenses dans le présent et dans l'avenir; et jusqu'à ce que la matière imposable soit recréée, rien que pour maintenir sa vie administrative, il lui manque huit cent soixante-dix mille francs pour le budget de 1891, un million cent soixante-quinze mille francs pour les budgets suivants, et aux communes sept cent cinquante mille francs.

Mais ce tableau que nous venons de faire ne sera exact qu'autant que la colonie aura pu reprendre son existence, c'est-à-dire réparer son outillage disparu, reconstituer ses cultures, assurer le travail. Il ne peut en effet venir à l'idée de personne qu'on aura aidé au rétablissement de la fortune coloniale en assurant plus ou moins le fonctionnement des services publics.

Ces services, nous le répétons, resteraient assurés à la Martinique, si elle était assimilée à un département; et cependant l'État ne manquerait pas de rechercher les moyens d'aider au relèvement d'une partie de son territoire.

On sait à la Martinique que nos pertes ne seront pas réparées de si tôt, qu'on aura à subir une longue et pénible épreuve, qu'il faudra beaucoup d'efforts, une grande énergie et un travail opiniâtre. Ce qu'on demande, c'est que l'État nous permette de reprendre le travail et rendre possible la lutte qu'on est prêt à soutenir. On n'a pas attendu pour se remettre à l'ouvrage qu'un secours effectif de la France soit venu nous encourager. Le gouverneur le constate dans son rapport adressé à M. le sous-secrétaire d'État, au lendemain même du cyclone: « On s'est remis à l'œuvre, mais par-» tout le relèvement du pays est arrêté par des difficultés de toute » nature... La grosse propriété, les constructions urbaines et les usines » se relèvent, mais le petit planteur, le paysan qui fait les cultures » secondaires, est dans un état de misère indescriptible. »

Rien n'est plus vrai. Tous ceux à qui il restait encore quelques ressources les ont employées, sans compter, à assurer le travail. Ils ont été soutenus par l'espérance que la France ne laisserait pas périr sa colonie. Mais si, malgré ces efforts, la misère du pays est encore telle que la dépeint le gouverneur, que sera-ce demain, quand nos dernières ressources seront épuisées, quand le grand propriétaire, l'industriel, seront réduits, eux aussi, à la même détresse que ceux qui avaient tout perdu dès le premier jour ? C'est ce qui nous menace. Tout nous manque, en effet: l'argent et le crédit.

Nos seuls établissements financiers sont la Banque et le Crédit foncier colonial. La première a fait et fera tout ce qu'elle pourra; mais ses ressources sont restreintes et ses opérations sont limitées. Quant au Crédit foncier colonial, sa situation actuelle ne lui permet de rendre aucun service; ses prêts, dans tous les cas, seraient trop onéreux. On comprend donc que dans une pareille situation, la Martinique se soit retournée vers la France et lui demande le seul moyen qui lui permette de se relever : un dégrèvement sur ses denrées d'exportation.

C'est là ce qu'ont demandé, dès la première heure, ceux qui

avaient le plus de compétence, les Chambres de Commerce et la Banque de la Martinique, les Syndicats agricoles et industriels, le Conseil général et l'Administration. C'est là aussi le vœu qu'ont formulé ceux qui en France ont leurs intérêts liés aux nôtres, les Chambres de Commerce de Bordeaux, de Nantes et du Havre, notamment, et la Société pour la défense du commerce de Marseille.

C'est ce dégrèvement qu'à notre tour nous sollicitons du gouvernement, parce qu'il nous apparaît comme le moyen le plus pratique et le plus efficace d'aider au relèvement de la colonie.

Nous avons recherché par quels autres moyens l'État pourrait venir utilement au secours de la Martinique, et, après les avoir examinés, il nous a semblé qu'aucun d'eux ne contenait la solution du problème.

Il est nécessaire, en effet, pour bien comprendre les besoins de la Martinique, d'établir des catégories dans les pertes qu'elle vient de subir.

1° La colonie et les communes devront trouver des ressources pour relever leurs établissements publics.

2° Les propriétaires des villes et des bourgs auront besoin de rebâtir leurs maisons.

3° Les grands propriétaires et les industriels ont à refaire leurs plantations, à reconstituer leur outillage et à réédifier leurs constructions.

4° Le paysan, le plus éprouvé de tous, devra être le plus largement secouru, afin qu'il puisse recommencer ses cultures et reconstruire sa demeure.

Une convention analogue à celle qui a été passée entre l'État et le Crédit Foncier de France pour la reconstruction de Nice et de Menton serait d'un grand secours pour nous permettre de rebâtir nos immeubles tant urbains que ruraux. L'État ne voudrait pas moins faire pour la Martinique qu'il n'a fait pour ces deux villes bien moins éprouvées et dont les ressources ni le crédit n'avaient complètement disparu à la suite du tremblement de terre. Loin de repousser une pareille convention, nous y verrions au contraire un moyen très pratique de relever nos ruines, de faire renaître Fort-de-France de ses cendres, de permettre à la colonie et aux communes de rebâtir leurs églises, leurs écoles, leurs mairies, aux particuliers de reconstruire leurs maisons.

L'État, de son côté, n'aurait pas à s'imposer, d'un seul coup un trop lourd sacrifice.

Mais une pareille convention, très efficace, nous le répétons, pour le relèvement de nos villes et de nos bourgs, ne nous serait d'aucun secours, pour la réparation de nos pertes culturales.

Or, la Martinique est avant tout un pays agricole, et la situation de l'agriculture est bien celle qu'a décrite le gouverneur. La grande propriété, celle qui produit le sucre, est profondément atteinte. Quant au paysan, c'est-à-dire à la grande majorité de notre population des campagnes, il est complètement ruiné, « sa misère est indescriptible. »

Sans l'aide effective et puissante de l'État, la colonie ne peut rien faire pour ces deux classes de propriétés. En France on pourrait, par un dégrèvement de l'impôt foncier, les secourir efficacement; mais, à la Martinique, cet impôt n'est pas établi de la même manière qu'ici. En l'absence de cadastre, pour les propriétés produisant des denrées d'exportation (sucre, tafia, cacao, café, etc.), l'impôt foncier n'est pas assis sur le sol; il se perçoit sous forme de droits à la sortie sur les produits, et, quand il n'y a pas de produits, il n'y a pas d'impôt.

Quant à la propriété qui fournit des denrées se consommant dans le pays (propriété vivrière) l'impôt foncier la frappe directement, et il est calculé d'une manière arbitraire; chaque hectare est censé produire un revenu net de cent francs et paye cinq pour cent de ce revenu.

Il ne saurait venir à l'idée de personne de demander à ce propriétaire vivrier, le plus misérable de tous, l'impôt que jusqu'à présent il paye à la colonie; mais ce n'est pas en lui faisant remise de cinq francs par hectare de terre qu'on l'aura aidé ni à reconstituer ses cultures ni à rebâtir sa maison.

Ainsi donc, la colonie, alors même que les services publics seraient assurés, alors même qu'elle continuerait à vivre de sa vie administrative, ne pourrait rien, absolument rien, pour encourager, ni aider l'agriculture.

Ce pouvoir, seul l'Etat le possède.

Notre agriculture, en effet, est frappée, non seulement dans la colonie, par l'impôt foncier ou les droits de sortie qui le représentent, mais encore en France, par les droits fiscaux qui l'atteignent dans ses produits (sucre, tafia, cacao, etc). Ces derniers sont énormes. En les abolissant, ou en les diminuant, l'Etat encourage directement et effectivement les producteurs. Et, ici, ce n'est pas la propriété qu'on dégrève, c'est le travail qu'on encourage et qu'on récompense, puisque ce dégrèvement d'impôt ne peut bénéficier qu'au planteur qui aura fait produire sa terre et en proportion directe de ses efforts.

Le sucre et le tafia, dégrevés en France, c'est une prime donnée à la reconstitution de la grande propriété à la Martinique, et cela sans qu'on puisse craindre qu'une part quelconque de l'abandon de l'impôt consenti par l'Etat soit détournée de son but.

La colonie, ainsi dégagée de toute préoccupation sur l'avenir de cette partie de son agriculture, peut dès lors rechercher les moyens de secourir le paysan, propriétaire vivrier, demander au planteur de cannes une partie de l'impôt dont l'État lui aura fait abandon, et aider activement cette partie de notre agriculture, à laquelle la métropole n'aura rien donné directement. De cette manière on aura empêché la culture de mourir, c'est-à-dire qu'on aura sauvé la Martinique elle-même.

Cette forme de dégrèvement nous a donc paru être la meilleure qu'on pût trouver pour venir en aide à la colonie :

1° Parce que c'est le moyen le plus sûr et le plus direct d'encourager le travail.

2° Parce que c'est le plus simple : l'Etat renonçant à frapper des produits qu'il frappait, abandonnant en tout ou en partie une ressource qui entre dans ses caisses.

3° Le plus juste, parce que ce sont les produits les plus grevés qu'on dégréverait.

4° Le plus efficace parce que les cultures d'exportation forment la principale richesse de la Martinique et qu'en les sauvant c'est la colonie qu'on sauve de la mort.

C'est ainsi d'ailleurs que l'ont toujours compris les pouvoirs publics en France, chaque fois que, pour une cause ou pour une autre, ils ont eu à rechercher les moyens de secourir les colonies. Sous tous les régimes, c'est toujours soit par une prime, soit par un dégrèvement sur les denrées importées en France que la métropole a entendu venir au secours de ses colonies. C'est notamment ce qu'on a fait après le cyclone de 1817, quand, moins éprouvée qu'aujourd'hui, la Martinique a été cependant menacée d'une ruine complète. L'Etat a dégrevé nos sucres, et la colonie s'est immédiatement relevée; de semblables mesures ont été prises en faveur de la colonie de la Réunion éprouvée par des ouragans.

Aujourd'hui la situation a-t-elle changé? En quoi le dégrèvement réclamé sur nos produits importés modifierait-il la situation de l'agriculture et de l'industrie métropolitaines? Une loi récente a mis nos sucres sur le même pied que le sucre métropolitain.

Cette égalité serait-elle dérangée par la mesure que nous sollicitons? On pourrait le prétendre si le dégrèvement devait avoir pour effet d'exciter la surproduction de la Martinique.

Il ne s'agit pas d'encourager la surproduction, mais d'empêcher la production actuelle de disparaître complètement.

La Martinique produit depuis vingt ans une moyenne ainsi répartie par période quinquennale :

1871 à 1876.	42.600 tonnes.
1876 à 1881.	41.787 —
1881 à 1886.	44.997 —
1886 à 1891.	36.054 —

La récolte de 1890 a été de trente-deux mille quatre-vingt-douze tonnes.

Les récoltes qui suivront seront nécessairement bien inférieures ; avant que nous n'ayons atteint le chiffre normal des dernières années, il faudra réparer nos ruines. L'État ne saurait donc redouter le péril imaginaire d'avoir provoqué une surproduction ; et, si ce danger était jamais à craindre, il lui serait bien facile de le conjurer.

La faveur que nous sollicitons peut-elle être de nature à léser aucun intérêt? Pourrait-elle être considérée comme une menace pour l'industrie et l'agriculture métropolitaines ? Et, dans cette assistance qui nous serait prêtée dans notre détresse, pourrait-on voir un moyen à nous donner de faire aux producteurs de sucre de la métropole une concurrence désastreuse ? Mais personne ne souhaite notre disparition, et toute facilité qui nous sera accordée de reprendre notre place dans la production nationale pourrait provoquer les mêmes critiques que le dégrèvement.

Ce serait au même titre favoriser des concurrents que d'accorder par exemple une remise de l'impôt foncier aux agriculteurs d'un département éprouvé par un désastre comme celui qui a frappé la Martinique. L'État n'hésiterait pas cependant à accorder cette remise, comme elle l'a fait pour les départements phylloxérés ; et cette mesure paraîtrait légitime à tous, bien qu'elle ne s'appliquât exclusivement qu'aux départements éprouvés, sans bénéficier à la masse des producteurs français. Serait-ce toucher même en apparence au régime des sucres ? Pas plus, nous le répétons, qu'en accordant, soit des remises d'impôt, soit des indemnités en argent à des producteurs de betteraves habitant une région ravagée par un cataclysme.

Rien ne sera changé à la loi des sucres ; on sera seulement venu au secours d'un pays malheureux.

La faveur exceptionnelle accordée à notre production serait d'ailleurs sans influence sur le marché de la métropole, notre récolte n'étant que de trente à quarante mille tonnes en temps normal.

Il y a aussi à considérer que le producteur de sucre de la Martinique ne bénéficierait pas entièrement de la remise d'impôt faite par l'État. Il faudra, en effet, comme nous l'avons indiqué déjà, que la colonie vienne au secours de cette autre classe de cultivateurs à qui l'État n'aura rien donné directement, parce qu'il ne reçoit rien d'eux. A ceux-ci, il faudra faire une part aussi équitable ; et c'est la colonie qui la fera, en retenant une partie du dégrèvement accordé par la France.

Il faudra aussi proportionner les secours aux pertes et éviter cette criante injustice de voir ceux qui ont moins souffert et qui peuvent plus facilement se relever, bénéficier presque à eux seuls de l'aide que la métropole aura voulu accorder surtout à ceux qui auront été les plus éprouvés.

Ainsi, pour résumer, le dégrèvement accordé par l'État servirait à toute l'agriculture. Il serait équitablement réparti ; aucun trouble ne serait apporté sur le marché français, aucun préjudice ne serait occasionné au producteur métropolitain, et la loi des sucres ne serait nullement modifiée.

La forme indirecte de la remise de l'impôt comme moyen de faire renaître nos cultures ne nous paraît pas être moins avantageuse pour le Trésor. C'est toujours à elle qu'on a tout d'abord recours quand on veut, en France, soulager l'agriculture.

C'est un dégrèvement de cette nature que la Commission des douanes préconisait récemment encore, que le gouvernement recommandait et faisait accepter par les Chambres, comme le moyen le plus efficace de faire renaître dans nos colonies nos cultures secondaires.

Ce moyen, jugé si puissant pour encourager la production des cacaos, cafés, vanilles et autres denrées coloniales, nous paraît être, à nous aussi, le plus puissant, le seul certain de faire vivre l'agriculture coloniale.

Si, malgré les raisons que nous venons d'exposer, l'idée du dégrèvement trouve encore des adversaires, et que l'État préfère adopter un autre moyen de venir en aide à la Martinique, nous ne pourrions que nous incliner devant la décision du gouvernement.

Ce que nous demandons, en effet, c'est que la Martinique ne soit pas condamnée, après une agonie de quelques années, à une mort certaine.

Peu de pays ont subi, dans tout le cours de leur histoire, autant de catastrophes que la Martinique en a éprouvé depuis trois cents ans qu'elle existe. Plus d'une fois on l'a cru définitivement perdue, toujours elle s'est relevée, tant est grande l'énergie de ses habitants. Aujourd'hui, elle pousse un cri de détresse, parce qu'elle se sent atteinte en plein cœur. La France ne peut la laisser mourir.

V. ALLÉGRE, sénateur de la Martinique.

M. HURARD, député de la Martinique.

E. DEPROGE, député de la Martinique.

E. BOUGENOT, délégué du Conseil général de la Martinique.

Dr O. DUQUESNAY, Président du Conseil général de la Martinique et délégué de la colonie, rapporteur.

CHAMBRE DE COMMERCE
de
BORDEAUX
—
29 SEPT. 1891. — N° 926
Séance du 30 sept. 1891

Bordeaux, le 30 septembre 1891.

Les Membres composant la Chambre de Commerce de Bordeaux à M. le Sous-Secrétaire d'État des Colonies.

MONSIEUR LE SOUS-SECRÉTAIRE D'ÉTAT,

La Chambre de Commerce de Bordeaux a l'honneur de vous transmettre ci-jointe la pétition qu'elle vient de recevoir de nombreux négociants de la place en relations d'affaires avec la Martinique.

En face des ruines de toutes sortes accumulées par le cyclone du 18 août et d'une situation véritablement désastreuse, puisque ses effets devront peser longuement sur notre malheureuse colonie, le commerce bordelais a pensé que le seul moyen de venir efficacement en aide aux souffrances de la grande et presque unique culture du pays, la culture de la canne, était d'obtenir en sa faveur un dégrèvement transitoire de droits sur les sucres à leur entrée en France et que ce dégrèvement pourrait être réalisé par la fixation, pendant une période de quelques années, à un chiffre constant et supérieur à celui dérivant de la législation générale, du déchet de fabrication dont bénéficient les sucres des autres colonies françaises.

A la nouvelle du désastre, le gouvernement a bien voulu accorder un premier soulagement transitoire en faisant voter une subvention pour parer aux plus pressantes infortunes et en décrétant la prorogation des échéances. Il est urgent aujourd'hui de faire davantage, de relever tous les courages abattus, de leur procurer une assistance véritablement durable ; aussi, la Chambre de Commerce de Bordeaux a-t-elle la ferme confiance que, poursuivant votre œuvre, vous voudrez bien vous concerter avec M. le Ministre des Finances pour saisir les Chambres, dès leur rentrée, d'un projet de loi accordant le dégrèvement que nous sollicitons. Le Parlement n'hésitera pas à sanctionner, dans une telle circonstance, la généreuse initiative du gouvernement et nos malheureux compatriotes de la Martinique ne laisseront pas d'en être profondément reconnaissants à la mère patrie.

Permettez-nous d'ajouter que cette mesure a un caractère d'urgence extrême à cause de la proximité de la récolte prochaine et des contrats qui doivent être établis, soit pour des avances aux producteurs, soit pour la réalisation de cette récolte.

Confiants en toute votre sollicitude, nous vous prions, etc.

Pour le Président absent :

Signé : GABRIEL FAURE.

Ont signé :

MM. COLOMBIER, LUZOL.

(Les autres signatures sont illisibles).

Pour copie conforme :

Le Chef du 3e bureau :

(Illisible.)

CHAMBRE DE COMMERCE
de
BORDEAUX

29 SEPT. 1891. — N° 926
Séance du 30 sept. 1891

Monsieur le Président,

Messieurs les membres de la Chambre de commerce de Bordeaux,

Messieurs, la nouvelle télégraphique du cyclone qui s'est abattu sur la Martinique le 18 août dernier a causé une douloureuse impression en France, et particulièrement dans les ports qui ont, avec notre vieille colonie, d'importantes et de nombreuses relations de commerce ou d'amitié. On était à peine remis de l'émotion causée par le terrible incendie de Fort-de-France ; aussi déplore-t-on l'acharnement du sort contre ce petit pays si vivace, si laborieux.

On espérait, cependant, que l'épouvante du premier moment avait exagéré l'étendue du malheur public, et on attendait impatiemment les résultats d'une appréciation plus calme, plus réfléchie.

La réalité dépasse les appréhensions les plus pessimistes : la presse, les récits privés, les rapports officiels sont unanimes à dépeindre, à côté de deuils nombreux, l'accumulation de pertes et de ruines matérielles.

Depuis la demeure du riche jusqu'à la « case » du modeste cultivateur, depuis l'importante usine jusqu'aux bâtiments d'exploitation et d'habitation des propriétaires qui les alimentent de leurs cannes, depuis les plantureux champs de ces cannes jusqu'à l'humble culture maraîchère, tout a été bouleversé, détruit en totalité ou en partie ; la vie publique s'est brusquement arrêtée dans toutes les manifestations du travail. La fortune publique a été tarie dans tous ses courants.

L'étendue du mal défie les efforts de la générosité privée.

Le Gouvernement de la République l'a si bien compris que, déjà, par de promptes mesures, il a cherché à protéger, par une prorogation d'échéances, le commerce contre les conséquences d'une force majeure si générale et si subite, par des envois de vivres et d'argent, la population pauvre, le petit propriétaire contre le dénuement du premier moment.

Mais cette assistance est insuffisante au relèvement du pays.

On se tromperait si, devançant l'assimilation projetée, on considérait la Martinique comme un département français, sans tenir compte des profondes divergences que crée sa situation géographique, physique et agricole. Les départements de la France forment un tout sinon uniforme, du moins à peu près homogène. Leur étendue, la variété de leurs cultures, leurs nombreuses industries, leur intime union, la proximité de l'assistance commune, la souplesse et la multiplicité des ressorts du crédit général permettent un prompt relèvement à une localité frappée par un évènement de force majeure. De plus, tous les courants de la fortune publique ne sont pas atteints à la fois.

La Martinique, comme toutes les colonies des Antilles, est isolée à grande distance de la mère-patrie ; dépourvue d'industrie, elle ne vit uniquement que de l'agriculture et d'un commerce dépendant étroitement de cette agriculture. Cette source de la fortune publique n'est alimentée, on peut le dire, que par la canne à sucre ; car ce que l'on nomme les cultures secondaires entre à peine pour un vingtième dans la production générale.

Toutes les forces vives du pays, toutes les existences donc, aussi bien celle du pauvre que celle du riche, du prolétaire que du propriétaire, dépendent uniquement de la canne, plante à longue et dispendieuse culture.

Les habitations, pour leurs plantations, les usines, pour leur manufacture, emploient 50 à 60,000 travailleurs, et, comme les autres personnes dont l'existence journalière dépend de leur salaire sont attachées à des professions qui ne sont forcément alimentées que par l'agriculture, on peut affirmer que les souffrances de celle-ci atteignent profondément toutes les classes de la population, toutes les professions.

C'est donc sur elle que doit se concentrer le principal effort de l'assistance que le gouvernement de la République paraît disposé à accorder à notre malheureuse colonie. Il est bien évident que si les usines et les habitations sucrières sont réduites à l'impuissance de leur relèvement, des milliers de bras se trouveront sans travail, aucune autre branche de l'activité humaine ne s'offrant à eux pour remplacer l'emploi qui leur manquerait.

D'autre part, le commerce métropolitain, si fortement engagé déjà dans des avances considérables reculerait, avec raison, devant une assistance nouvelle à des gages compromis, presque perdus, et que son concours isolé serait insuffisant à vivifier ; d'autant que l'abaissement, pour 1892, du déchet de fabrication résultant de la loi de 1884 diminue sensiblement déjà la valeur des produits sur lesquels les avances sont faites.

Si donc des secours en vivres et en argent peuvent parer aux premiers besoins de ceux qui n'ont pour seul moyen d'existence que leur travail, ou même leur petite propriété maraîchère, il apparaît qu'il faut à la grande production, c'est-à-dire à la source de la fortune publique, à celle qui entretient surtout le budget local, une protection plus large, plus efficace.

Au surplus, cette protection qui, de prime abord, ne semblerait profiter qu'à la récolte sucrière, et qui, nous l'avons démontré, doit rejaillir sur tout le pays, pourrait, par des impôts créés à la sortie de la colonie, et qui reprendraient une partie de l'assistance métropolitaine, être partagée d'une façon plus précise et plus équitable avec les autres victimes du sinistre.

Les soussignés espèrent, Messieurs, que vous apprécierez, avec eux, que la base de l'assistance sollicitée doit être un dégrèvement sensible pendant une période de quatre ou cinq ans, des sucres de la Martinique à l'entrée en France. Ils ne parlent pas des autres denrées, puisqu'une loi en préparation leur accorde un traitement de faveur.

Le dégrèvement paraît tellement s'imposer à l'attention et à la bienveillance de la mère patrie que déjà M. le gouverneur de la Martinique l'a réclamé par le télégraphe, et que, dans une lettre rendue récemment publique, l'honorable Sous-Secrétaire d'État, M. Étienne, lui a apporté le puissant appoint d'une opinion favorable.

La mère patrie témoignerait de sa sollicitude en étendant, dans une mesure exceptionnelle le déchet de fabrication alloué à la production sucrière, étant donné surtout qu'une part serait faite de cette faveur, dans la formation du budget local, au profit des petits propriétaires et des travailleurs de toutes les professions. Le fisc métropolitain retrouverait vite, dans le développement de production qu'amènerait ce soulagement, la compensation du sacrifice momentané auquel la colonie n'est pas seule intéressée, puisque son sort est étroitement lié au commerce métropolitain : et la France, qui recherche avec raison, l'expansion coloniale, aurait la satisfaction d'avoir relevé, d'une ruine complète, une de ses plus vieilles et plus fidèles possessions d'outre-mer.

C'est avec confiance, Messieurs, que les soussignés s'adressent à vous ; ils sont persuadés que vous voudrez bien vous intéresser à cette situation si digne de compassion, et que de votre voix autorisée vous consentirez à appuyer leuré ptition auprès de M. le Ministre déjà si bien disposé.

Ont signé :

MM. Faure, frères.
Besse.
Roux.
Hochart.
Lasserre.
Colombier.

(Les autres signatures sont illisibles.)

Pour copie conforme :

Le chef du 3ᵉ bureau,
(Illisible.)

CHAMBRE DE COMMERCE
de
NANTES

———

PRÉSIDENCE.

———

Nantes, le 8 octobre 1891.

MONSIEUR LE SOUS-SECRÉTAIRE D'ÉTAT,

La Chambre de Commerce de Bordeaux nous a communiqué la teneur d'une lettre qu'elle a eu l'honneur de vous écrire dans le but de vous prier de présenter au Parlement un projet de loi tendant à attribuer aux sucres originaires de la Martinique un dégrèvement temporaire. Cette mesure aurait pour but de procurer à cette colonie une certaine compensation du désastre cruel dont elle vient d'être victime et dont les conséquences pèseront pendant bien des années sur sa population.

A la lettre de nos collègues de Bordeaux se trouve annexée une lettre qui leur a été adressée par les négociants de leur circonscription en relations d'affaires avec la Martinique. Nous n'avons rien à ajouter aux observations et aux vœux formulés dans ces documents, et nous espérons, Monsieur le Sous-Secrétaire d'État, que vous voudrez bien appuyer de votre haute influence, dans les Conseils du gouvernement, des dispositions destinées à atténuer la calamité de notre colonie.

Agréez, etc.

Pour le Président de la Chambre de Commerce,

Le Vice-Président,
Signé : F. CROUAN.

Pour copie conforme :
Le Chef du 3ᵉ Bureau des Colonies.

CHAMBRE DE COMMERCE DU HAVRE

Séance du 30 octobre 1891.

Présidence de **M. LATHAM**, président.

LA MARTINIQUE

Demande de détaxe en faveur des produits de la colonie à leur entrée en France.

M. de Querhoënt, au nom de la Commission chargée d'examiner une proposition présentée en faveur de la colonie de la Martinique, en partie ravagée par un cyclone dans la journée du 18 août dernier, donne lecture du rapport suivant :

« Messieurs,

» Dans votre séance du 25 septembre dernier, vous avez renvoyé à notre examen la proposition que vous a faite M. Félix Faure, de demander aux pouvoirs publics de faire jouir d'une détaxe temporaire de droits de douane les divers produits exportés par la Martinique en France. Notre honorable collègue se base sur la nécessité absolue de concourir au relèvement de notre malheureuse colonie, dont l'agriculture, l'industrie et le commerce traversent une crise dont l'importance est sans précédents, à la suite des désastres causés par le cyclone du 18 août dernier.

» Votre Commission s'associe d'autant plus volontiers à cette proposition qu'elle croit, de même que la Chambre de Commerce de Saint-Pierre — qui aujourd'hui nous prie d'appuyer une demande analogue à celle de M. Faure, — que c'est par des mesures générales et non par un secours pécuniaire qu'on allégera les charges de la production et facilitera le relèvement de l'agriculture et de l'industrie à la Martinique.

» Il convient de rappeler, du reste, qu'en 1839, à la suite d'un tremblement de terre et d'un cyclone, le Gouvernement prit une mesure semblable à celle qui est sollicitée aujourd'hui. Si nous sommes exactement informés, la Métropole accorda pour sept années une détaxe de 20 francs par 100 kilos sur les sucres.

» Nous ne croyons pas devoir lui indiquer la quotité de la détaxe qu'il conviendrait d'accorder aujourd'hui sur les sucres; en effet, la Chambre de Commerce de Saint-Pierre, qui est la première intéressée dans cette question, se borne à solliciter une détaxe, sans en mentionner le chiffre, qu'elle laisse le soin de fixer aux pouvoirs publics. Elle l'a demandé pour une durée de trois années au moins.

» Dans ces conditions, votre Commission ne peut que vous prier d'appuyer sa demande, en faisant observer cependant que cette durée de trois années doit être considérée comme un minimum. Car, en admettant que la détaxe sur les sucres soit portée à 20 francs, elle ne couvrirait qu'une faible partie des pertes subies par les planteurs de cannes et les usines qui produisent le sucre.

» En ce qui concerne le cacao et le café, nous estimons qu'une détaxe pendant trois années ne donnerait aucun résultat.

» En effet, les caféiers et les cacaoyers ont été complètement détruits par le cyclone.

» Toutes les plantations sont à refaire, et les jeunes plants ne commenceront à produire que dans quatre à cinq ans.

» Aussi pensons-nous que cette détaxe devrait être fixée pour une durée de six années au minimum, et équivalente à la moitié des droits de douane actuels, ainsi que le spécifie du reste un projet de loi actuellement devant le Sénat, tendant à dégrever dans cette proportion tous les produits des colonies françaises, à l'exception des sucres.

» Tels sont les vœux que votre Commission vous propose de formuler près des pouvoirs compétents. »

Ce rapport est adopté à l'unanimité, et la Chambre en décide l'envoi à M. le Ministre du Commerce, de l'Industrie et des Colonies, ainsi qu'à M. le Ministre des Finances.

Pour extrait :

Le Président de la Chambre de Commerce,

Signé : LATHAM.

Pour copie conforme :

Le Chef de la 1re Division,

(Illisible.)

Marseille, le 7 novembre 1891.

Le Président de la Chambre de Commerce de Marseille
à Monsieur le Sous-Secrétaire d'État des Colonies.

MONSIEUR LE SOUS-SECRÉTAIRE D'ÉTAT,

La Chambre de Commerce de Marseille, émue à juste titre par les infortunes accumulées à la Martinique par le cyclone du 18 août dernier, et convaincue que notre malheureuse colonie ne pourra se relever des suites désastreuses de ce sinistre que si la France lui vient en aide, s'est préoccupée de rechercher quelles seraient les mesures les plus efficaces qui pourraient être prises à cet effet par les pouvoirs publics.

Le sucre étant le principal produit d'exportation de la Martinique, notre Chambre de Commerce estime que c'est par un dégrèvement des droits frappant ces sucres à leur entrée en France que pourrait se traduire le plus utilement le secours à allouer par la Métropole à sa colonie. Elle pense aussi que les sucres des colonies françaises, jouissant déjà d'un déchet de fabrication lorsqu'ils sont débarqués dans les ports français, la façon la plus simple d'effectuer ce dégrèvement serait d'accorder, pendant une période de plusieurs années, aux sucres de la Martinique, un déchet de fabrication fixe et sensiblement plus élevé que celui attribué par la législation actuelle aux sucres des autres colonies françaises.

La Chambre de Commerce de Marseille serait heureuse, Monsieur le Sous-Secrétaire d'État, si vous partagiez sa manière de voir et si vous vouliez bien saisir les Chambres d'un projet de loi accordant à notre colonie de la Martinique, si éprouvée par les sinistres qui l'ont frappée pendant ces deux dernières années, la faveur que nous venons d'avoir l'honneur de vous indiquer.

Veuillez agréer, etc.

Signé : AUG. **FÉRAUD.**

Pour copie conforme :

Le Chef de la 1ʳᵉ Division,

(Ilisible.)

COMMUNICATION

Société pour la défense du Commerce de Marseille

A M. le Sous-Secrétaire d'État aux Colonies. — Paris.

RAPPORT

Présenté à la Chambre Syndicale de la Société pour la défense du commerce, sur les ravages du cyclone du 18 août à la Martinique, et sur les moyens de relever cette Colonie.

MESSIEURS,

Il y a un an à peine, j'avais l'honneur de faire appel à la sollicitude de la Chambre en faveur des incendiés de Fort-de-France. Cet appel avait été entendu et notre Société s'empressait d'apporter le concours de son influence au Comité de secours qui s'était formé dans notre ville et participait effectivement à l'œuvre de bienfaisance par une importante souscription. Il s'agissait alors du chef-lieu de la Martinique. Aujourd'hui, je viens encore faire appel à votre sollicitude pour cette même Martinique, mais, cette fois, il ne s'agit plus de secours à demander à la charité publique. Pour inépuisable qu'elle soit, elle serait impuissante à réparer le désastre. Il faut arriver au relèvement complet d'une colonie tout entière dévastée, atteinte dans son âme vive et dans sa puissance productrice, par ce que l'histoire appellera le cyclone du 18 août.

Dans la nuit du 18 au 19 août, en effet, un épouvantable cyclone, comme on n'en avait plus entendu parler depuis un siècle, s'abattait sur la malheureuse Martinique, démolissant tout ce qui avait été réédifié de Fort-de-France, depuis l'incendie de l'an dernier. dévalisant la rade de Saint-Pierre, en jetant à la côte plus de 27 navires, dont quelques-uns du port de Marseille, détruisant les villes et les bourgs, renversant les usines, saccageant les récoltes et semant partout la ruine et la mort dans toute l'île du nord au sud, de l'est à l'ouest. Tous les éléments semblaient s'être acharnés sur cette belle et ancienne colonie, naguère si florissante, toujours si attachée à la mère patrie pourl'industrie et le commerce de laquelle elle était un si précieux débouché. On crut même un instant que c'était fini de la Martinique et que toute l'île allait disparaître.

Le gouvernement, devant une pareille catastrophe, répondant à l'appel de son représentant, le gouverneur de la Martinique, décréta un crédit de un million et la prorogation des échéances pour faire face aux premiers besoins. M. le sous-secrétaire d'État aux colonies, dont nous connaissons le dévouement et l'esprit clairvoyant, ne peut borner là son concours. Il faut relever cette colonie à peu près anéantie, mais dont la vitalité est bien connue, et il apportera à l'œuvre du relèvement qu'il a déjà certainement entrevue, l'appui de sa haute influence en soutenant devant le Parlement un projet de loi pour venir en aide aux malheureux habitants de la Martinique, les encourager à réédifier leurs maisons, leurs usines et à remettre leurs champs en culture. Ce sont les moyens à employer pour arriver à ce relèvement de la Martinique que vous m'avez chargé d'étudier et dont je viens vous demander de vouloir bien poursuivre l'adoption auprès des pouvoirs publics, réclamant pour cela le concours si dévoué et qui nous est toujours accordé des sénateurs et députés du département.

Nous avons pensé (et en cela nous sommes heureux de nous trouver en harmonie avec l'adresse du président de la Chambre de Commerce de la Martinique au gouverneur de la colonie) qu'il fallait agir par voies de mesures générales tendant à alléger les charges de la production dans l'île, de façon à lui faciliter un prompt relèvement de son agriculture et de son commerce.

Dans cet ordre d'idées, nous demandons pour la Martinique le dégrèvement pendant une durée de cinq années au moins de tous ses produits à leur entrée en France. Pour les sucres, ce dégrèvement pourrait s'exprimer sous la forme d'un large déchet de fabrication, comme cela s'était déjà fait sous le régime de la loi de 1884, qui avait pour but de sauver en France l'industrie betteravière.

A l'aide du produit de ce dégrèvement et proportionnellement à son importance, il appartiendra aux pouvoirs publics et à l'administration locale d'adopter telles mesures que leur inspirerait la connaissance des besoins du pays pour arriver à alléger les charges du budget colonial et à répartir en même temps, *sur tous*, les bienfaits de l'avantage accordé par la métropole. On pourrait ainsi, dans la colonie, exonérer de l'impôt foncier des propriétaires à peu près ruinés et diminuer considérablement les droits d'entrée sur les marchandises de première nécessité telles qu'articles de consommation et de matériaux de construction, etc.

Ce sont là les moyens qui nous paraissent indispensables pour permettre à un pays éprouvé par une catastrophe, l'ayant presque anéanti, de se relever promptement et de revenir à son ancienne prospérité.

Nous comptons donc sur la sollicitude de la chambre syndicale et sur celle de tous les représentants du département et particulièrement sur le dévoué concours des députés et sénateurs de Marseille.

Si la métropole a, en effet, un devoir sacré de ne pas laisser amoindrir son domaine colonial, Marseille, plus que tout autre port de France, a intérêt à ce que la Martinique redevienne ce qu'elle était autrefois : riche, prospère et heureuse; Marseille, dont le chiffre des importations dans la colonie dépasse celui des autres ports de France; Marseille, dont presque toutes les industries et toutes les branches du commerce ressentiraient le contre-coup terrible des effets de la catastrophe; Marseille, qui souffre déjà des tendances protectionnistes que nous avons tous énergiquement combattues; Marseille ne laissera pas disparaître ce précieux débouché, Marseille ne restera pas inactive et fera entendre sa voix au Parlement en faveur de compatriotes malheureux, ruinés, mais qui, pleins de courage et d'énergie, dirigent leur regard vers la mère-patrie en s'écriant : « Venez à notre secours et nous nous relèverons ».

Le Rapporteur,

Em. BOURDILLON.

CHAMBRE DES DÉPUTÉS

Paris, le 9 novembre 1891.

Monsieur le Sous-Secrétaire d'État,

Le Gouvernement vient de décider qu'un inspecteur des Services administratifs des colonies serait envoyé à la Martinique pour se rendre compte, à nouveau, des désastres causés par le cyclone du 18 août.

Mandataires de cette colonie, qui vient d'être si terriblement frappée, nous ne pouvons rien trouver à redire à une décision qui permettra d'apprécier encore une fois l'étendue de nos malheurs ; mais nous nous demandons avec anxiété si, pour obtenir un soulagement à tant de souffrances, nos malheureux compatriotes devront attendre que le délégué du Gouvernement se soit rendu dans les moindres hameaux, ait parcouru toutes nos routes, tous nos sentiers, tous nos bois, visité tous les emplacements où existaient hier des habitations de petits planteurs, refasse en un mot tout le travail déjà fait par de nombreuses Commissions administratives.

Comment appréciera-t-il ce qui n'est plus ?

Au lendemain du cyclone, une Commission, composée de membres du Conseil général choisie indistinctement parmi cette Assemblée, s'est livrée à un travail des plus minutieux.

Elle a accusé quatre-vingt-huit millions de pertes.

Vous avez, Monsieur le Sous-Secrétaire d'État, invité M. le Gouverneur de la colonie et M. le Directeur de l'Intérieur à reviser le tableau de nos pertes et de ce nouvel examen est résultée une évaluation de soixante-douze millions.

Comment l'inspecteur délégué, n'ayant pas connu le pays à la veille du désastre, pourra-t-il mieux apprécier que nos conseillers généraux, que les fonctionnaires empruntés à tous les services, venus de France ou nés dans le pays même !

A son arrivée dans ce pays à végétation si vivace et si riche, la liane aura recouvert partout des emplacements où vivaient hier encore des milliers de planteurs.

Comment ce témoin tardif de nos malheurs pourra-t-il se rendre compte, quelque soin qu'il y apporte, de ce qu'il a fallu à nos courageux colons dépenser d'efforts pour réparer déjà en partie tant de pertes et tant de ruines ?

Comment estimera-t-il l'étendue des sacrifices faits par une population énergique entre toutes, qui, pour essayer de se relever, aura épuisé ses dernières ressources et escompté l'avenir ainsi que la bienveillance de la mère patrie?

Partout en France, dans tous les ports de mer si étroitement liés à notre Martinique par des rapports commerciaux et qui souffrent de nos souffrances, partout où a retenti le bruit de nos malheurs, partout on se demande s'il est possible que la mère patrie ait épuisé sa sollicitude à notre égard en offrant à 175,000 Français, soudainement frappés par une catastrophe sans précédent, cinq cent mille francs de vivres et cinq cent mille francs d'argent.

M. Moracchini, Gouverneur de la colonie, vous l'a dit dans une dépêche officielle :

« Les pertes sont immenses, elles sont écrasantes pour un pays de l'importance de la Martinique, et notre colonie ne saurait, quelle que soit sa vitalité, se relever sans le secours puissant et effectif qu'elle attend de la Métropole. »

En présence d'une si lamentable situation, qui exige un prompt remède, faut-il attendre que l'inspecteur délégué ait constaté méticuleusement et consciencieusement que, à quelques millions près, notre infortune est telle qu'on l'a déjà dépeinte?

Qu'il s'agisse de 88, de 72, de 60 ou de 50 millions, songez, Monsieur le Sous-Secrétaire d'État, qu'il ne peut être question de nous indemniser des pertes irréparables que nous avons subies, mais de permettre de revivre à un pays ruiné dans son agriculture, dans son industrie, dans son commerce, dans ses fortunes privées même les plus modestes, enfin dans tout ce par quoi elle vit.

Sans le concours immédiat de la Métropole, tous les sacrifices faits depuis la catastrophe seraient perdus et aggraveraient encore l'état déplorable de la colonie.

Les dernières ressources épuisées, tout travail s'arrêtant, que va devenir cette population ?

L'heure presse, nos malheureux compatriotes nous adressent chaque jour des appels désespérés ; il est plus que temps d'agir.

Nous venons, en conséquence, vous prier, Monsieur le Sous-Secrétaire d'État, sans attendre le résultat de la nouvelle expertise, de rechercher au plus tôt avec le Gouvernement les mesures financières propres à assurer le relèvement de la Martinique.

A la première nouvelle des malheurs de notre colonie, vous vous êtes empressé de lui prêter votre puissant concours.

Nous profitons de cette circonstance pour vous renouveler l'expression de notre gratitude et vous prier de nous continuer votre bienveillant appui.

Veuillez agréer, etc...

ALLÈGRE,   HURARD,   E. DEPROGE,

Sénateur de la Martinique.   *Député.*   *Député.*

BOUGENOT,   DUQUESNAY,

Délégué du Conseil général.   *Président du Conseil général.*

Pour copie conforme :

Le Chef de la 1re Division,

(Illisible.)

RÉPUBLIQUE FRANÇAISE

LIBERTÉ — ÉGALITÉ — FRATERNITÉ

Paris, le 21 novembre 1891.

Le Sous-Secrétaire d'État des Colonies
à Monsieur Allègre, Sénateur de la Martinique.

Monsieur le Sénateur,

Vous avez appelé mon attention, par une lettre du 9 novembre courant, sur l'intérêt qu'il y aurait à venir promptement en aide à la Martinique pour lui permettre de réparer les désastres causés par le cyclone du 18 août dernier.

J'ai l'honneur de vous faire connaître que le Gouvernement ne perd pas de vue la situation dans laquelle se trouve la colonie, et que le Conseil des Ministres s'est préoccupé, à diverses reprises, des mesures à prendre pour arriver à un résultat satisfaisant. Il a été admis, en principe, au cours d'une de ses réunions, qu'on aiderait les colons dont les immeubles ont été détruits ou endommagés, au moyen d'une combinaison analogue à celle qui a été employée en 1887, à la suite des tremblements de terre des Alpes-Maritimes, et qu'une subvention serait allouée au budget local pour combler le déficit qui se produira vraisemblablement dans la rentrée des impôts et permettre à l'Administration de dégrever les habitants de certaines taxes.

La mise en pratique de ces dispositions fera l'objet d'un projet de loi qui sera présenté au Parlement dès que j'aurai reçu, sur l'importance des pertes, les renseignements précis que l'Administration locale, de concert avec les inspecteurs chargés d'une mission spéciale à cet effet, s'occupe de recueillir.

Recevez, Monsieur le Sénateur, les assurances de ma considération très distinguée.

ÉTIENNE.

www.ingramcontent.com/pod-product-compliance
Lightning Source LLC
LaVergne TN
LVHW050316030726
842520LV00005B/1623